南海海区海洋牧场航海保障配置指南

交通运输部南海航海保障中心 ◎ 编

中山大学出版社
·广州·

版权所有　翻印必究

图书在版编目（CIP）数据

南海海区海洋牧场航海保障配置指南 / 交通运输部南海航海保障中心编. -- 广州：中山大学出版社，2025.5.
ISBN 978-7-306-08398-2

Ⅰ. D993.5-62

中国国家版本馆 CIP 数据核字第 2025AX5090 号

出 版 人：王天琪
策划编辑：谢贞静　廖翠舒
责任编辑：廖翠舒　刘　丽
封面设计：林绵华
责任校对：林　峥
责任技编：靳晓虹
出版发行：中山大学出版社
电　　话：编辑部　020-84110283，84111996，84111997，84113349
　　　　　发行部　020-84111998，84111981，84111160
地　　址：广州市新港西路 135 号
邮　　编：510275　　　　　　　　传　真：020-84036565
网　　址：http://www.zsup.com.cn　E-mail：zdcbs@mail.sysu.edu.cn
印　刷　者：广州市友盛彩印有限公司
规　　格：880mm×1230mm　1/32　1.375 印张　16 千字
版次印次：2025 年 5 月第 1 版　2025 年 5 月第 1 次印刷
定　　价：18.00 元

如发现本书因印装质量影响阅读，请与出版社发行部联系调换

编审委员会

主任委员：蒋见宇
副主任委员：李文华　胡　伟　李　伟　郭伟斌
　　　　　　　王日斌　吴平生　曲义江　杨有良
委　　　员：钟锡泉　丁　一　蒋　宇　周荣忠
　　　　　　　石万里　罗思明　张海波　杨　毅
　　　　　　　安　琳　杨继起

主　　　编：杨继起
副　主　编：肖春晖　吴勇军　白　雪　何世军
　　　　　　　许广岩　黄　勇　冯奕敏
编写人员：王华强　罗子汶　常　鹏　隋永举
　　　　　　庄应点　冀振宇　赵　生　陈佳丽
　　　　　　潜成胜　赵　俊　王红兵　李　辉
　　　　　　林智坚　程　洪　李坤圯　郑达成
　　　　　　王　强　郁盛宇　邓　鈜

目 录
CONTENTS

1 总则 ················· 1

   1.1 概述 ················ 1

   1.2 适用对象 ············ 3

   1.3 应用领域 ············ 3

   1.4 发布单位 ············ 3

2 术语、定义及缩略语 ········· 4

   2.1 术语和定义 ·········· 4

   2.2 缩略语 ············· 7

3 航海保障配置 ············ 9

   3.1 总体要求 ············ 9

3.2 导助航系统的技术要求………20

3.3 海洋测量绘图的技术要求……25

3.4 水上安全通信的技术要求……27

3.5 信息系统建设的技术要求……28

4 相关依据……………………… 30

4.1 法律、法规、规章、规范性文件……………………………30

4.2 国内技术规范和标准、指南…32

4.3 国外法律、规范及约定………34

附录 南海海区海洋牧场航海保障配置一览表 ……………… 36

为提升海洋牧场及其周边水域的船舶航行安全保障能力,规范海洋牧场航海保障配置工作,降低海洋牧场建设对通航安全的影响,保障海洋牧场安全,根据《中华人民共和国海上交通安全法》等法律法规和《中国海区水中建(构)筑物助航标志规定》(GB 17380—2020)、IALA G1162《离岸人造构筑物标识指南》等标准规范,制定本指南。

1 总　　则

1.1 概述

南海海域自然环境复杂,交通功能区分布广泛,海上交通流密集。随着海洋牧场规模的不断扩大，如何确保海洋牧场的安全与周边海域船舶的航行安全，避免船舶与海洋牧场发生碰撞，成为亟待解决的问题。因此，按照国家法律法规、标准规范做好海洋牧场航海保障工作显得尤为重要。

海洋牧场航海保障包括导助航系统建设和养护、海洋测量绘图、水上安全通信等技术支持和服务。本指南通过系统研究航海保障的国内外标准、规范和指南，以及国内法律法规，结合南海海区海洋牧场的特点和通航环境，提出针对性的南海海区海洋牧场航海保障配置建议，为海洋牧场的规划、施工、营运等各阶段航海保障工作提供遵循和指引。

1.2 适用对象

本指南适用于南海海区海洋牧场的利益相关方,如主管单位、港口和其他涉海部门、航海保障服务提供部门,以及海洋牧场的设计单位、建设单位、施工单位和运维单位等。

1.3 应用领域

本指南适用于南海海区建设的装备设施类海洋牧场,主要是通过重力式深水网箱、桁架类大型网箱与养殖平台等无动力设施装备构建的海洋牧场。

1.4 发布单位

本指南由交通运输部南海航海保障中心发布。

2 术语、定义及缩略语

2.1 术语和定义

2.1.1 海洋牧场

基于海洋生态系统原理，在特定海域，通过人工鱼礁、增殖放流等措施，构建或修复海洋生物繁殖、生长、索饵或避敌所需的场所，增殖养护渔业资源，改善海域生态环境，实现渔业资源可持续利用的渔业模式。

2.1.2 水上交通支持服务系统

国家为给船舶、水上设施提供水上交通信息服务而建立的船舶定位、导航、授时、通信和远程监测等系统。

2.1.3 航道

江河湖泊等内陆水域中可以供船舶通航的通道，以及内海、领海中经建设、养护可以供船舶通航的通道。

2.1.4 航路

沿海水域供船舶安全航行的海上通道。根据航路形成方式的不同，有主管部门划定的航路或推荐的航路和按照船舶航行习惯自然形成的航路。

2.1.5 平均大潮高潮面

大潮期间高潮位的平均值。

2.1.6 AIS

在甚高频海上移动频段采用时分多址接入方式自动广播和接收船舶动态、静态等信息，以便实现识别、监视和通信的系统。

2.1.7 AIS 航标

使用 AIS 21 号电文播发，提供船舶导航、定位、避险或其他助航信息的一种航标。

2.1.8 AIS 预警区

通过 AIS 基站划定的预警范围并发送至 AIS 船台，提醒船舶驾驶人员。

2.1.9 AIS 远距离预警值守系统

基于 AIS 岸基系统建立的针对海上特定水域的远距离预警系统，24 小时有人值守，用于提醒、警示进入该区域的无关船舶。

2.1.10 AIS 安全信息寻址播发

通过 AIS 基站、AIS 航标等，以二进制报文向途经特定水域的船舶寻址播发导助航信息和海上安全信息。

2.2 缩略语

2.2.1 AIS

船舶自动识别系统（automatic identification system，AIS）。

2.2.2 IALA

国际航标组织（International Organization for Marine Aids to Navigation，IALA）。

2.2.3 MSI

海上安全信息（maritime safety information，MSI）。

2.2.4 UHF

特高频（ultra high frequency，UHF）。

2.2.5 VHF

甚高频（very high frequency，VHF）。

2.2.6 CCTV

闭路电视监控系统（closed-circuit television，CCTV）。

3.1.1.4 所有利益相关方都须了解海洋牧场的航海保障配置，相关信息必须在海图和出版物上注明，必要时申请发布 MSI。

3.1.1.5 海洋牧场应建立航海保障应急机制。一旦发现航海保障设备/设施出现故障，应及时修复，根据有关规定发布 MSI。

3.1.1.6 海洋牧场的建设应避免对附近水上无线电台（站）的通信导航及搜救系统信号造成影响或妨碍其正常使用，如果有可能造成影响，建设单位、施工单位和运维单位应当与相关海事局和航海保障等单位协商，并做出妥善安排。

3.1.1.7 海洋牧场宜建立 AIS 远距离预警值守系统。

3.1.1.8 海洋牧场施工期间和营运期间，应按规定设置专用航标。航标建设单位在

3 航海保障配置

3.1 总体要求

3.1.1 一般要求

3.1.1.1 海洋牧场航海保障配置应符合有关海上交通安全的法律、行政法规、规章以及标准和技术规范等。

3.1.1.2 建设单位、施工单位、运维单位应根据海洋牧场项目对通航安全的影响配备相应的航海保障设施，并与主体工程同时设计、同时施工、同时投入生产和使用。

3.1.1.3 海洋牧场航海保障配置应统筹考虑海洋牧场规划、施工及营运各阶段的需要。

完成航标预验收后，对符合航标效能验收条件的，应及时申请航标效能验收；航标效能验收评估通过后应定期做好航标维护管理（养护）工作。

3.1.2 规划阶段配置

3.1.2.1 海洋牧场规划应考虑航海保障配置需求。

3.1.2.2 海洋牧场选址应符合国土空间规划和海洋功能区划要求，并与港口航运、海上交通资源管理、航海保障等规划相协调。

3.1.2.3 在海洋牧场规划阶段，对拟建设海域开展地形、地貌、地质、水文、沉积物等本底调查时，应包含以下基础资料：

（1）场址海域实测 $1:2000 \sim 1:10000$ 全要素海图资料。

（2）场址海域的海底管线、光缆、电缆、航标、沉船和障碍物等资料。

（3）场址海域船舶交通流航迹图及场址海域附近港口、航道锚地及其附属设施、水上交通导助航设施等。

3.1.2.4 在海洋牧场规划设计阶段，如果需要开展水深地形测量，应委托具备相应资质的单位。

3.1.3 施工阶段配置

3.1.3.1 导助航系统。

（1）海洋牧场施工时，应按海上作业区专用标志配置施工期航标，标示施工区域的范围。

（2）航标灯应具备同步闪功能和北斗遥测遥控功能，遥测遥控系统应有人值守（建议接入海区遥测遥控系统）。

（3）通航环境复杂时，可设置AIS航

标、雷达应答器，或划定 AIS 预警区。

（4）根据周边水域情况和交通流情况，海洋牧场应提供必要的 AIS 安全信息寻址播发服务，将海洋牧场水域的导助航信息和 MSI 及时发送至过往船舶。

（5）宜建立 AIS 远距离预警值守系统。

3.1.3.2　水上安全通信。

在海洋牧场施工阶段，应按要求申请发布 MSI，以提醒船舶避开相应区域。

3.1.4　营运阶段配置

3.1.4.1　导助航系统。在距离海上交通功能区域 2 n mile 以上设置重力式深水网箱、桁架类网箱及养殖平台等现代化海洋牧场设施装备的，原则上可不设置专用航标，特殊情况另行论证。海洋牧场距离海上交通功能区域 2 n mile 内的，应依法按下列要求设置专用航标。

（1）航标灯应具备同步闪功能和北斗遥测遥控功能，遥测遥控系统应有人值守（建议接入海区遥测遥控系统）。

（2）矩形海洋牧场应根据边长来设置专用标志，标示要求如表1所示，航标配置如图1所示。

表1 基于矩形海洋牧场规模的标示要求

示例	X轴/m	Y轴/m	区域/m^2	最低标示要求
A	≤500	≤500		养殖场中心设置1座航标灯（视情况考虑雷达反射器和/或AIS航标）
B	≤2500	≤500		每个靠海一侧拐角上设置1座航标灯，每个靠岸一侧拐角上设置1座日标（视情况考虑雷达反射器和/或AIS航标）

续表

示例	X轴/m	Y轴/m	区域/m^2	最低标示要求
C	≤500	≤2500		靠海一侧其中一个拐角及其对角上分别设置1座航标灯,靠海一侧另一个拐角及其对角上分别设置1座日标(视情况考虑雷达反射器和/或AIS航标)
D	>500	≤2500	≤1250000	其中一个拐角及其对角上分别设置1座航标灯,在另一组拐角及其对角上分别设置一座日标(视情况考虑雷达反射器和/或AIS航标)
E	>900	≤2500	>1250000	每个拐角设置1座航标灯(视情况考虑雷达反射器和/或AIS航标)

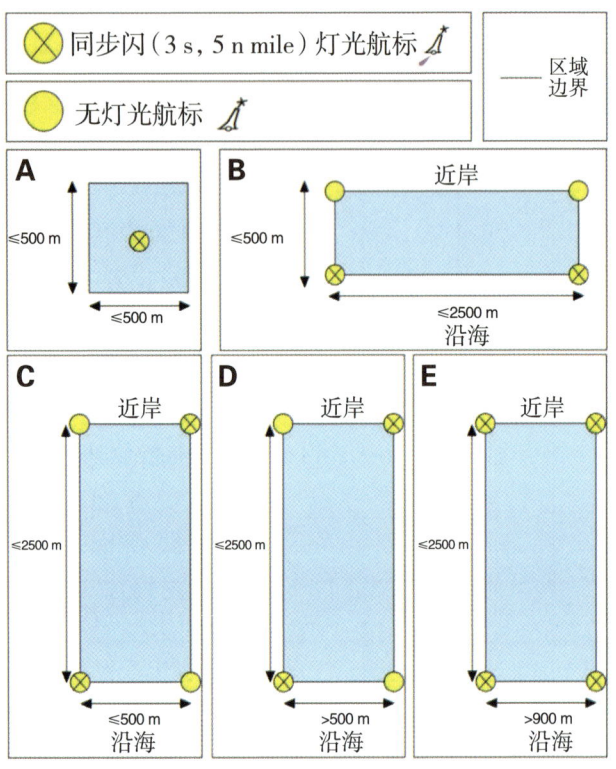

图1 矩形海洋牧场航标配置示意

（3）圆形海洋牧场应根据其直径大小来设置专用标志，标示要求如表2所示，圆形海洋牧场的航标配置如图2所示。

表2 基于圆形海洋牧场规模的标示要求

示例	直径/m	最低标示要求
F	≤500	养殖场中心设置1座航标灯（视情况考虑雷达反射器和/或AIS航标）
G	>500，≤1000	圆周上相隔180°设置2座航标灯，2个目标与航标灯成90°放置（视情况考虑雷达反射器和/或AIS航标）
H	>1000，≤2000	圆周上相隔120°设置3座航标灯（视情况考虑雷达反射器和/或AIS航标）
I	>2000	圆周上相隔120°设置3座航标灯，3个目标与航标灯成60°放置（视情况考虑雷达反射器和/或AIS航标）

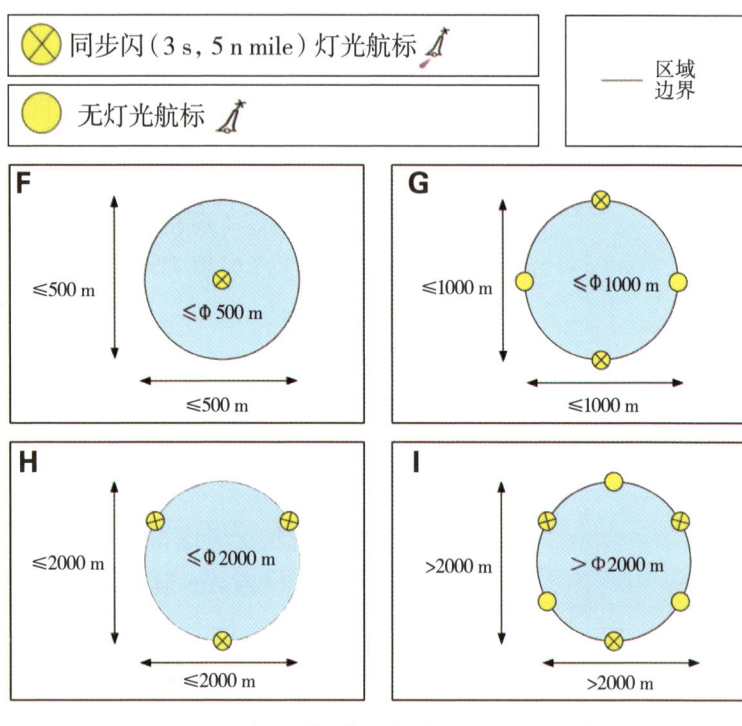

图 2　圆形海洋牧场航标配置示意

（4）必要时，海洋牧场水域应提供 AIS 广播、AIS 安全信息寻址播发服务，将该区域的导助航信息和 MSI 发送至过往船舶。

（5）宜建立 AIS 远距离预警值守系统。

3.1.4.2 海洋测量绘图。

（1）在项目水上水下工程完工后一个月内，建设单位应当按照海图测量标准对海洋牧场的海域范围、设施装备的坐标及尺度等有关通航安全的技术参数进行现场测定，及时申请更新海图，并向项目所在地海事管理机构备案，按规定申请发布航行通告。

（2）海洋牧场到达设计年限需要拆除时，拆除后应对海洋牧场所在海域进行清障扫测，并及时更新海图。

3.1.4.3 水上安全通信。

（1）海洋牧场完工后，须申请发布MSI。

（2）海洋牧场的建设如果可能影响水上交通支持服务系统的正常使用，营运前应对海洋牧场及其附近水域的无线电环境进行监测，确定有影响的，应采取必要措施消除影响。

3.2 导助航系统的技术要求

3.2.1 建设要求

3.2.1.1 海洋牧场专用航标的设置须符合 IALA G1162《离岸人造构筑物标识指南》和《中国海区水中建（构）筑物助航标志规定》《中国海区水上助航标志》等标准、规定的要求。

3.2.1.2 航标灯光应符合《航标灯光信号颜色》的要求；航标表面色应符合《视觉航标表面色规定》的要求。

3.2.1.3 航标遥测遥控系统建设应按照《航标遥测遥控系统技术规范》的规定执行。

3.2.1.4 海洋牧场的航标配布方案须遵循《沿海导助航工程设计规范》的要求。

3.2.1.5 海洋牧场的航标配布方案应在通过辖区航标处的技术审查后，按程序向所在地的海事管理机构申请航标设置行政许可。

3.2.1.6 海洋牧场专用航标的施工单位应有导助航维护保养基地，建立航标质量保证体系，并具备一定的技术装备能力，宜配备不少于一艘专业航标船，且不少于三名专业技术人员。

3.2.1.7 应选用符合国家标准的航标设备，并按《沿海导助航工程维护技术规范》的要求配备固定标志的灯器和浮动标志的备用数量，使其不低于配布数量的30%。

3.2.1.8 海洋牧场航标设置完成后，须按《海区航标动态通报管理办法》发布航标动态。

3.2.1.9 海洋牧场施工阶段设置的航标应

在营运阶段航标验收合格并投入使用后撤除，并按有关规定申请发布航标动态。

3.2.1.10 在海洋牧场专用航标效能验收前，建设单位应做好航标的维护保养和应急抢修工作。

3.2.2 效能验收要求

3.2.2.1 海洋牧场航标设置完成后，须按《海区航标效能验收规范》规定的程序组织开展效能验收。航标效能技术测定一般按以下要求进行：

（1）辖区航标处在收到航标建设单位有关航标效能验收技术测定的申请，或收到航标审批单位要求开展技术测定的通知后，应根据天气情况、航标船作业排班及时安排航标技术测定工作。

（2）技术测定工作由辖区航标处组织，组成人员为航标专业技术人员和航标用户代表，且不少于三人。

（3）航标的技术测定应到现场开展，并按照《海区航标效能验收规范》规定的技术要求、抽查数量和测试方法执行。

3.2.2.2 在技术测定完成后，由海事管理机构组织进行航标效能专家评估。航标效能验收专家应主要来自航海保障中心、属地引航、属地航标等部门。

3.2.3 维护要求

3.2.3.1 视觉航标维护应符合"标位准确、灯质正常、涂色鲜明、结构良好"的总体目标；无线电航标维护应符合"信号准确、频率稳定、功率正常、工作连续"的总体目标；音响航标应符合"信号清晰、发放及时"的总体目标。

3.2.3.2 系统可用性。海洋牧场应制定可靠的航标日常维护机制，以确保满足所需的可用性目标。海洋牧场的年度航标正常率应不低于99.0%，年度航标维护正常率应不低于99.5%。

3.2.3.3 系统冗余备份。设备的选型应充分考虑维护人员的安全、维护的经济性和便利性，并按《沿海导助航工程维护技术规范》的规定配备备品备件。

3.2.3.4 应急修复时限。除天气原因导致的维护设施和维护人员不能到达失常现场的情况外，发生灯光熄灭、灯质错误、结构破损、无线电信号停发或错误、音响航标信号停发或错误等情况时，航标修复的时限为48小时；发生灯浮离位、失踪和航标结构严重损坏的情况时，航标修复的时限为72小时。

3.2.3.5 航标维护单位应满足《沿海导助航工程维护技术规范》的要求，并建立沿海航标维护质量保证体系。

3.2.3.6 日常维护应按照《海区航标维护管理规则》的规定执行。

3.2.3.7 营运阶段应对助航标志建立导助航系统值班值守工作机制，开展 24 小时值守。

3.2.4 其他要求

3.2.4.1 海洋牧场配置的航标应满足现行其他标准的要求，包括材料、构造、航标灯、锚碇系统、航标效能等。

3.2.4.2 对于大型海洋牧场，应考虑使用不同的灯光特性标示海洋牧场的范围。

3.3 海洋测量绘图的技术要求

3.3.1 海洋牧场测绘应委托具有相应等级海洋测绘资质的单位开展，开展连片区域 100 km² 及以上的水深测量、地形测量、海洋工程测量和扫海测量等的单位应具备海洋测绘甲级资质。

3.3.2 应以官方机构出版发行的最新版海图（包括电子海图）水深，认定海洋牧场水域的水深。

3.3.3 海洋牧场建设导致航道（航路）变更的，建设单位应申请对新的航道（航路）开展扫海测量，其作业过程及成果质量应符合《通航尺度核定测量技术要求》的规定。

3.3.4 海洋牧场应委托具备海图测图出版职能的单位，按《海道测量规范》《沿海港口航道测量技术要求》开展测量、数据处理和制图等工作，并依据测绘成果申请发布相关数据和更新海图。

3.3.5 清障扫海测量包含对施工过程中、施工结束后产生的碍航物的扫测和对水下构筑物拆除后的残留碍航物的扫测。清障扫测宜利用侧扫声呐、三维成像声呐、合成孔径声呐、多波束声呐、海洋磁力仪等进行。

3.4 水上安全通信的技术要求

3.4.1 海洋牧场水上无线电监测应覆盖全球海上遇险与安全通信系统、船舶自动识别系统（AIS）等的重点频段范围。

3.4.2 开展无线电监测时，应按《VHF/UHF无线电监测测向系统开场测试参数和测试方法》《超短波无线电干扰判定及干扰源定位方法》《短波监测站监测方法以及干扰源定位方法》等标准要求开展。

3.4.3 无线电监测设施应符合《无线电监测设施测试验证工作规定（试行）》的相关要求。

3.5 信息系统建设的技术要求

3.5.1 一般规定

3.5.1.1 海洋牧场航海保障信息系统的总体规划与建设应做到技术先进、经济合理，并在海洋牧场统一规划的框架下进行。

3.5.1.2 信息系统的设计应采用全场统一的信息编码标准，并确保系统中数据的准确性、一致性和唯一性。

3.5.1.3 鼓励建设单位共建共享信息系统，宜采用国产信息设备。系统建设应符合国家信息网络安全的相关要求。

3.5.2 AIS 远距离预警值守系统

3.5.2.1 AIS 远距离预警值守系统应具备岸到船台信息推送、船舶动静态信息感知、水域交通态势风险等级辨识、不少于三级预警功能区划定和主动预警等功能。

3.5.2.2　AIS远距离预警值守系统由感知系统和预警系统组成。其中,感知系统可接入雷达、AIS、CCTV、水文气象等监测数据,预警系统可以通过VHF、AIS短报文、手机短信、电话等方式向航海用户推送预警信息。

4 相关依据

4.1 法律、法规、规章、规范性文件

（1）《中华人民共和国海上交通安全法》（2021年4月修订）。

（2）《中华人民共和国安全生产法》（2021年6月修正）。

（3）《中华人民共和国航道法》（2016年7月修正）。

（4）《中华人民共和国航标条例》（2011年1月修订）。

（5）《中华人民共和国航道管理条例》（2008年12月修订）。

（6）《中华人民共和国航道管理条例实施细则》（2009年6月修正）。

（7）《海区航标维护管理规则》（海航保〔2019〕485号）。

（8）《中华人民共和国海事行政许可条件规定》（2021年9月修正）。

（9）《中华人民共和国水上水下作业和活动通航安全管理规定》（中华人民共和国交通运输部令2021年第24号）。

（10）《海区航标动态通报管理办法》（交安监发〔1995〕1180号）。

（11）《中华人民共和国无线电管理条例》（2016年11月修订）。

（12）《交通运输行业水上无线电管理规定》（公开征求意见稿）。

（13）《无线电监测设施测试验证工作规定（试行）》（工信部无〔2017〕283号）。

（14）《现代化海洋牧场海上安全监管工作指南（试行）》（粤海法规〔2024〕108号）。

4.2 国内技术规范和标准、指南

（1）《中国海区水中建（构）筑物助航标志规定》（GB 17380—2020）。

（2）《中国海区水上助航标志》（GB 4696—2016）。

（3）《航标灯光信号颜色》（GB 12708—2020）。

（4）《视觉航标表面色规定》（GB 17381—2020）。

（5）《航标遥测遥控系统技术规范》（JT/T 788—2023）。

（6）《沿海导助航工程维护技术规范》（JTS/T 320-5—2020）。

（7）《海区航标效能验收规范》（JT/T 759—2009）。

（8）《沿海导助航工程设计规范》（JTS/T 181-4—2023）。

（9）《海区浮动助航标志配布导则》（GB/T 26781—2023）。

（10）《自动识别系统（AIS）航标应用导则》（JT/T 1193—2018）。

（11）《海道测量规范》（GB 12327—2022）。

（12）《海洋牧场建设技术指南》（GB/T 40946—2021）。

（13）《海洋牧场基本术语》（GB/T 42779—2023）。

（14）《海洋牧场分类》（SC/T 9111—2017）。

（15）《沿海港口航道测量技术要求》（JT/T 954—2014）。

（16）《通航尺度核定测量技术要求》（JT/T 1192—2018）。

（17）《VHF/UHF无线电监测测向系统开场测试参数和测试方法》（GB/T

34089—2017）。

（18）《超短波无线电干扰判定及干扰源定位方法》（YD/T 2609—2013）。

（19）《短波监测站监测方法以及干扰源定位方法》（YD/T 2610—2013）。

（20）《海上渔业养殖设施指南》（2024）（中国船级社发布）。

4.3 国外法律、规范及约定

（1）IALA standards.

（2）IALA navguide.

（3）IALA recommendation R0130 categorization and availability objectives for short range AtoN.

（4）IALA recommendation R1001 IALA maritime buoyage system.

（5）IALA guideline G1035 availability

and reliability of aids to navigation-theory and examples.

（6）*IALA guideline G1065 AtoN signal light beam vertical divergence.*

（7）*IALA guideline G1073 conspicuity of AtoN lights at night.*

（8）*IALA guideline G1078 the use of AtoN in the design of fairways and channels.*

（9）*IALA guideline G1090 use of audible signals.*

（10）*IALA guideline G1121 navigational safety within marine spatial planning.*

（11）*IALA guideline G1134 surface colours used as visual signals on AtoN.*

（12）*IALA guideline G1162 the marking of offshore man-made structures.*

附录 南海海区海洋牧场航海保障配置一览表

航海保障配置	具体内容	规划阶段	施工阶段	营运阶段
导助航系统	灯浮标		√	*
	灯桩			√
	实体AIS航标		*	*
	虚拟AIS航标		*	*
	雷达应答器		*	*
	雾笛/雾号		*	*
	AIS安全信息寻址播发			√
海洋测量绘图	海洋牧场范围测量、清障扫测、海图更新			
	水深测量和地质勘察	*		
水上安全通信	无线电监测		√	*
	安全信息发布			√
信息系统	AIS远距离预警值守系统		*	*

注："√"表示必须，"*"表示推荐。